Wie man Small Talk führt und ein Gespräch am Laufen hält

15 kraftvolle Ideen, Tipps, Tricks und Geheimnisse, um mühelos eine Verbindung herzustellen und einen positiven Eindruck zu hinterlassen

Einleitung: Warum Small Talk wichtig ist – Das Fundament für bedeutungsvolle Verbindungen 4

Kapitel 1: Die Kunst, das Eis zu brechen – Einfache Möglichkeiten, um Gespräche bequem zu beginnen 7

Kapitel 2: Den Raum lesen – Wie man den Ton und Kontext eines Gesprächs einschätzt 11

Kapitel 3: Aktives Zuhören – Der Schlüssel, um anderen das Gefühl zu geben, gehört und geschätzt zu werden 15

Kapitel 4: Die richtigen Fragen stellen – Die Kraft offener und ansprechender Fragen 19

Kapitel 5: Deine Geschichte teilen – Wie du über dich selbst sprichst, ohne zu überwältigen 23

Kapitel 6: Humor und Wärme – Mit Leichtigkeit sofortige Verbindungen schaffen 27

Kapitel 7: Körpersprache zählt – Nonverbale Signale, die lauter sprechen als Worte 31

Kapitel 8: Umgang mit unangenehmen Schweigen – Techniken, um den Gesprächsfluss aufrechtzuerhalten 35

Kapitel 9: Meisterschaft in Small Talk-Themen – Was man sagen sollte und was man vermeiden sollte 39

Kapitel 10: Anpassung an verschiedene Persönlichkeiten – Verbindung mit Introvertierten und Extrovertierten 43

Kapitel 11: Empathie aufbauen – Andere Perspektiven verstehen und nachfühlen 48

Kapitel 12: Schwierige Gespräche führen – Ruhig und positiv bleiben unter Druck 52

Kapitel 13: Gespräche würdevoll beenden – Einen positiven, bleibenden Eindruck hinterlassen 56

Kapitel 14: Dein Selbstvertrauen stärken – Überwindung von sozialer Angst und Angst vor Ablehnung 60

Kapitel 15: Unvergesslich Werden – Wie man sich abhebt und andere dazu bringt, sich auf das nächste Gespräch zu freuen 64

Fazit: Vom Small Talk zu großen Verbindungen – Gesprächsführung als Lebenskompetenz 68

Einleitung: Warum Small Talk wichtig ist – Das Fundament für bedeutungsvolle Verbindungen

Haben Sie sich jemals in einem Gespräch festgefahren gefühlt und wussten nicht, was Sie als Nächstes sagen sollen? Oder haben Sie vielleicht soziale Situationen ganz vermieden, weil es einschüchternd wirkt, ein Gespräch zu beginnen? Sie sind nicht allein. Für viele ist Small Talk eine Fähigkeit, die nicht von Natur aus kommt – aber eine, die man lernen kann.

Dieses Buch, *„Wie man Small Talk führt und ein Gespräch am Laufen hält: 15 kraftvolle Ideen, Tipps, Tricks und Geheimnisse, um mühelos Verbindungen herzustellen und einen positiven Eindruck zu hinterlassen"*, ist Ihr Leitfaden, um selbstbewusst und geschickt in der Kunst der Konversation zu werden. Egal, ob Sie neue Menschen kennenlernen, netzwerken oder einfach Ihre sozialen Fähigkeiten verbessern möchten – dieses Buch liefert Ihnen die Werkzeuge, um mit Leichtigkeit und Authentizität Verbindungen zu schaffen.

Warum Small Talk?

Small Talk wird oft als bedeutungsloses Geplauder missverstanden, aber er ist so viel mehr. Er ist die Grundlage menschlicher Verbindung. Die ersten Worte, die ausgetauscht werden, können den Ton für eine bedeutungsvolle Beziehung, eine Geschäftsmöglichkeit oder sogar eine lebenslange Freundschaft setzen.

Small Talk zu meistern bedeutet nicht, andere mit großen Worten zu beeindrucken oder sie mit Geschichten zu überfluten. Es geht darum, echtes Interesse zu zeigen, Gemeinsamkeiten zu finden und andere sich wohlfühlen zu lassen. Wenn es richtig gemacht wird, kann Small Talk zu tieferen, erfüllenderen Gesprächen führen.

Was Sie lernen werden

In diesem Buch entdecken Sie eine Vielzahl praktischer Techniken, die Ihnen helfen, Gespräche mit Selbstbewusstsein zu führen. Sie werden lernen, wie man:

- Das Eis bricht und Gespräche entspannt beginnt.
- Soziale Signale liest und sich an verschiedene Persönlichkeiten anpasst.
- Interessante Fragen stellt und den Gesprächsfluss aufrechterhält.
- Humor, Körpersprache und Empathie nutzt, um eine Beziehung aufzubauen.
- Peinliche Stille und schwierige Themen mit Anmut behandelt.

Jedes Kapitel konzentriert sich auf eine spezifische Fähigkeit oder ein Konzept, mit praktischen Beispielen, Übungen und Reflexionsfragen, die Ihnen helfen, diese Ideen in die Praxis umzusetzen. Am Ende des Buches haben Sie ein Werkzeugset an Strategien, um jede Konversation mit Selbstbewusstsein und Leichtigkeit anzugehen.

Für wen ist dieses Buch?

Dieses Buch richtet sich an alle, die ihre Gesprächsfähigkeiten verbessern möchten. Ob Sie ein Introvertierter sind, der aus seiner Komfortzone heraustreten möchte, ein Profi, der seine Networking-Fähigkeiten verbessern möchte, oder jemand, der einfach neue Freunde finden will – dieses Buch bietet für jeden etwas.

Eine Reise, die sich lohnt

Zu lernen, wie man mit anderen in Verbindung tritt, ist eine Reise des Wachstums und der Selbstentdeckung. Während Sie die Kapitel durcharbeiten, werden Sie nicht nur wertvolle Fähigkeiten erwerben, sondern auch an Selbstvertrauen und Selbstbewusstsein gewinnen. Denken Sie daran, ein großartiger Gesprächspartner zu werden, passiert nicht über Nacht. Es braucht Übung, Geduld und die Bereitschaft, sich auf neue Situationen einzulassen.

Lassen Sie uns beginnen

Die Fähigkeit, Small Talk zu führen und ein Gespräch am Laufen zu halten, ist eine Fertigkeit, die Sie ein Leben lang begleiten wird. Mit diesen 15 kraftvollen Ideen, Tipps, Tricks und Geheimnissen werden Sie die Art und Weise, wie Sie mit anderen in Kontakt treten, verändern. Lassen Sie uns also eintauchen und die Kunst der bedeutungsvollen Gespräche Schritt für Schritt entschlüsseln.

Kapitel 1: Die Kunst, das Eis zu brechen – Einfache Möglichkeiten, um Gespräche bequem zu beginnen

Ein Gespräch mit jemandem Neuem zu beginnen, kann einschüchternd wirken. Was ist, wenn sie nicht antworten? Was, wenn es unangenehm wird? Das sind häufige Sorgen, aber die Wahrheit ist, dass das Eisbrechen nicht stressig sein muss. In diesem Kapitel lernst du einfache und praktische Möglichkeiten, Gespräche bequem zu beginnen und dabei einen positiven ersten Eindruck zu hinterlassen.

Warum das Eisbrechen wichtig ist
Die ersten Momente eines Gesprächs legen den Ton für den weiteren Verlauf fest. Wenn du jemanden mit Selbstvertrauen und Wärme ansprichst, wird er oder sie wahrscheinlich positiv reagieren. Denk daran, dass die meisten Menschen es genießen, höflich angesprochen zu werden, und genauso darauf aus sind, eine Verbindung aufzubauen wie du. Indem du die Kunst des Eisbrechens meisterst, öffnest du die Tür zu bedeutungsvollen Interaktionen.

Strategien, um Gespräche zu beginnen

1. **Nutze deine Umgebung**
   Deine Umgebung bietet hervorragende Gesprächseinstiege. Zum Beispiel, wenn du in einem Café bist, könntest du sagen: „Dieser Latte sieht toll aus! Was hast du bestellt?" oder bei einer Netzwerkveranstaltung: „Dieser Veranstaltungsort ist beeindruckend. Warst du schon mal hier?" Die Details um dich herum zu beobachten, lässt deinen Ansatz natürlich und relevant erscheinen.

2. **Mache ein ehrliches Kompliment**
Menschen lieben Komplimente, besonders wenn sie aufrichtig sind. Komplimentiere ihr Outfit, ihr Lächeln oder sogar ihre Energie. Zum Beispiel könntest du sagen: „Ich liebe deine Jacke! Wo hast du die her?" Das bricht nicht nur das Eis, sondern lässt die andere Person auch geschätzt fühlen.

3. **Stelle offene Fragen**
Fragen, die mehr als ein „Ja" oder „Nein" erfordern, ermutigen die andere Person, mehr über sich zu erzählen. Anstatt zu fragen: „Gefällt dir diese Veranstaltung?", versuche es mit: „Was hat dich dazu gebracht, heute zu dieser Veranstaltung zu kommen?" Diese Art von Frage lädt sie ein, ihre Geschichte zu teilen, was zu einem anregenden Gespräch führt.

4. **Stelle dich vor**
Manchmal ist Einfachheit der Schlüssel. Ein warmes Lächeln und eine klare Vorstellung wie „Hallo, ich bin Alex. Ich glaube, wir haben uns noch nicht getroffen" können Wunder wirken. Dieser Ansatz ist direkt, höflich und bereitet den Boden für einen angenehmen Austausch.

5. **Nutze Humor leicht**
Ein bisschen Humor kann sofort die Spannung abbauen und dich zugänglicher machen. Zum Beispiel, wenn du in einer langen Schlange stehst, könntest du sagen: „Sieht aus, als ob wir uns auf einen Marathon vorbereiten. Gut, dass ich heute meine Geduld mitgebracht habe!" Humor, wenn er richtig eingesetzt wird, kann sofort eine Verbindung herstellen.

Beispiel-Szenario: Das Eis brechen
Stell dir vor, du bist auf der Geburtstagsfeier eines Freundes und kennst nicht viele Leute dort. Du bemerkst jemanden, der am Snacktisch steht. Du könntest ihn oder sie ansprechen und sagen: „Diese Appetithäppchen sind fantastisch. Hast du die Spinat-Puffs schon probiert?" Sie werden wahrscheinlich mit ihrer Meinung antworten, und schon hast du ein Gespräch eröffnet.

Reflexionsfragen
Nimm dir einen Moment Zeit, um über deine eigenen Erfahrungen nachzudenken:

- Denk an eine Situation, in der jemand dich für ein Gespräch angesprochen hat. Was haben sie gesagt, das dich wohl fühlen ließ?
- Wann hast du zuletzt ein Gespräch mit jemandem Neuen begonnen? Was hat gut funktioniert und was könntest du verbessern?

Übung: Das Eisbrechen üben
Übe diese Gesprächseinstiege in alltäglichen Situationen:

- Das nächste Mal, wenn du an der Kasse im Laden stehst, kommentiere etwas in der Nähe, wie: „Diese Zeitschriften haben immer die verrücktesten Schlagzeilen. Liest du die manchmal?"
- Bei deinem nächsten sozialen Event, mache jemandem ein ehrliches Kompliment, wie: „Diese Farbe steht dir wirklich gut! Ist Grün deine Lieblingsfarbe?"
- Wenn du jemand Neues triffst, stelle dich selbstbewusst vor und stelle eine offene Frage, wie: „Was hat dich dazu inspiriert, zu dieser Veranstaltung zu kommen?"

Abschließende Gedanken
Das Eis zu brechen bedeutet, die andere Person zum Wohlfühlen zu bringen. Wenn du jemanden mit echtem Interesse, einer positiven Einstellung und einem Hauch von Selbstvertrauen ansprichst, legst du den Grundstein für eine großartige Interaktion. Denk daran, kleine Schritte können zu großen Verbindungen führen. Denk nicht zu viel nach – fang einfach mit einem Lächeln an und sieh, wohin das Gespräch dich führt!

Kapitel 2: Den Raum lesen – Wie man den Ton und Kontext eines Gesprächs einschätzt

Beim Betreten eines neuen sozialen Umfelds oder beim Beginn eines Gesprächs ist es entscheidend, den Ton und Kontext zu verstehen. „Den Raum lesen" bedeutet, deine Umgebung zu beobachten und verbale sowie nonverbale Hinweise wahrzunehmen, um dein Verhalten zu steuern. Diese Fähigkeit hilft dir, besser mit anderen in Kontakt zu treten und peinliche Situationen zu vermeiden.

Warum es wichtig ist, den Raum zu lesen
Stell dir vor, du betrittst einen Raum voller Menschen. Einige lachen laut, während andere ruhig und ernsthaft diskutieren. Dein Verhalten wird sich in dieser Situation wahrscheinlich je nach dem, was du beobachtest, unterscheiden. Das Bewusstsein für die Atmosphäre stellt sicher, dass deine Worte und Handlungen mit der Energie der Gruppe übereinstimmen, wodurch die Interaktion für alle Beteiligten angenehmer wird.

Strategien, um den Raum zu lesen

1. **Zuerst beobachten, dann handeln**
   Bevor du in ein Gespräch einsteigst, nimm dir einen Moment, um die Dynamik des Raumes zu beobachten. Führen die Menschen Small Talk oder sind sie intensiv auf ein bestimmtes Thema fokussiert? Zum Beispiel könnte in einer Besprechung am Arbeitsplatz über Projektdetails gesprochen werden, sodass ein leichtfertiger Witz möglicherweise nicht angemessen ist.

2. **Achte auf Körpersprache**
   Körpersprache spricht oft lauter als Worte. Achte auf Hinweise wie verschränkte Arme, die darauf hindeuten könnten, dass jemand nicht offen für ein Gespräch ist, oder auf ein Lächeln und Blickkontakt, die oft eine Einladung zum Kontakt signalisieren. Wenn jemand zustimmend nickt und sich vorbeugt, während eine andere Person spricht, zeigt das in der Regel Interesse und Engagement.

3. **Höre auf den Ton der Gespräche**
   Der Tonfall und die Wortwahl können viel über die Atmosphäre verraten. Ist die Stimmung leicht und fröhlich oder ernst und nachdenklich? Passe deinen Ansatz entsprechend an. Wenn die Leute scherzen und lachen, kannst du einen humorvollen Kommentar hinzufügen. Wenn wichtige Themen besprochen werden, halte deinen Ton professionell und respektvoll.

4. **Passe dich der Gruppengröße an**
   Die Größe der Gruppe beeinflusst ebenfalls den Ton des Gesprächs. In großen Gruppen sind Gespräche oft locker und inklusiv. In kleineren Gruppen sind die Diskussionen möglicherweise persönlicher oder detaillierter. Zum Beispiel könntest du auf einer Party in einem größeren Kreis mit allgemeinen Themen beginnen, aber zu tiefergehenden Themen wechseln, wenn du eins zu eins sprichst.

5. **Achte auf soziale Führer**
   In jeder Gruppe gibt es Menschen, die natürlich die Führung übernehmen und den Ton setzen. Sie könnten Gespräche initiieren oder andere in Diskussionen einbeziehen. Wenn du diese Personen beobachtest, kannst du die Dynamik der Gruppe

besser verstehen und herausfinden, wie du dich einbringen solltest.

Beispiel-Szenario: Den Raum lesen
Stell dir vor, du bist bei einer Familienfeier. Beim Betreten des Raumes bemerkst du eine Gruppe von Menschen, die lachen und ein Spiel spielen, während eine andere Gruppe ruhig über aktuelle Nachrichten spricht. Wenn du unsicher bist, wo du dich einfügen sollst, beobachte zunächst. Du könntest dir sagen: „Die Spielgruppe wirkt lebhaft; ich werde sie mit etwas Lustigem ansprechen", oder „Die Diskussionsgruppe scheint nachdenklich; ich werde erst zuhören, bevor ich meine Meinung äußere."

Reflexionsanregungen
Denke an eine kürzliche soziale Situation, in die du eingetreten bist. Wie hast du entschieden, was du sagen oder tun solltest? Hat es gut funktioniert?
Erinnere dich an eine Situation, in der du den Raum falsch eingeschätzt hast. Was hättest du anders machen können, um besser mit der Gruppe in Einklang zu kommen?

Übung: Den Raum lesen üben
Gehe an einen öffentlichen Ort: Besuche ein Café, einen Park oder eine Veranstaltung. Verbringe ein paar Minuten damit, die Interaktionen um dich herum zu beobachten. Was fällt dir bezüglich der Körpersprache, des Tons und der Gruppendynamik auf?
Reflektiere über deine nächste Gruppeninteraktion: Nach deinem nächsten Treffen oder sozialen Zusammenkommen, nimm dir einen Moment Zeit, um zu analysieren, wie du dich an die Energie des Raumes angepasst hast. Schreibe auf, was gut funktioniert hat und was verbessert werden könnte.

Abschließende Gedanken

Den Raum zu lesen bedeutet, ein Bewusstsein für die Atmosphäre zu haben. Indem du die Stimmung, den Ton und die Dynamik einer Gruppe beobachtest, weißt du, wie du dich effektiv und respektvoll einbringen kannst. Diese Fähigkeit erfordert Übung, aber je öfter du sie anwendest, desto natürlicher wird sie dir fallen. Denk daran, jeder Raum ist anders, also bleibe flexibel und reaktionsfähig. Es geht nicht nur darum, was du sagst – es geht darum, es zur richtigen Zeit und auf die richtige Weise zu sagen.

Kapitel 3: Aktives Zuhören – Der Schlüssel, um anderen das Gefühl zu geben, gehört und geschätzt zu werden

Zuhören ist ein mächtiges Werkzeug in jedem Gespräch. Wenn du jemandem wirklich zuhörst, zeigst du ihm, dass seine Gedanken und Gefühle wichtig sind. Dies baut Vertrauen auf, stärkt Beziehungen und macht dich zu einem ansprechenderen Gesprächspartner. In diesem Kapitel werden wir untersuchen, wie man aktives Zuhören praktiziert und warum es für bedeutungsvolle Verbindungen unerlässlich ist.

Was ist aktives Zuhören?
Aktives Zuhören bedeutet mehr, als nur die Worte einer Person zu hören. Es umfasst die vollständige Konzentration auf das, was sie sagt, das Verstehen ihrer Botschaft und das nachdenkliche Reagieren. Aktives Zuhören lässt Menschen sich respektiert und geschätzt fühlen, was tiefere Gespräche fördert.

Vorteile des aktiven Zuhörens
Wenn du aktiv zuhörst:

- Fühlt sich die andere Person geschätzt und verstanden.
- Gewinnt du ein klareres Verständnis ihrer Gedanken und Gefühle.
- Werden Gespräche spannender und weniger einseitig.
- Baust du stärkere, authentischere Beziehungen auf.

Strategien für aktives Zuhören

1. **Vollständige Konzentration auf den Sprecher**
   Lege Ablenkungen wie dein Telefon oder andere Aufgaben beiseite und schenke dem Sprecher deine ungeteilte Aufmerksamkeit. Wenn ein Freund zum Beispiel eine persönliche Geschichte erzählt, stelle Augenkontakt her und vermeide es, zu unterbrechen. Dies zeigt, dass du wirklich an dem interessiert bist, was sie sagen.

2. **Zeige, dass du zuhörst**
   Nutze verbale und nonverbale Hinweise, um deine Aufmerksamkeit zu demonstrieren. Nicken, Lächeln oder Sätze wie „Ich verstehe" oder „Das ergibt Sinn" zeigen dem Sprecher, dass du aufmerksam bist.

3. **Vermeide Unterbrechungen**
   Lass den Sprecher seine Gedanken zu Ende bringen, bevor du antwortest. Unterbrechen kann dazu führen, dass sie sich ungehört fühlen. Wenn zum Beispiel jemand sein Wochenende beschreibt, widerstehe dem Drang, deine eigene Geschichte sofort zu erzählen, bis sie fertig sind.

4. **Stelle klärende Fragen**
   Wenn du etwas, das gesagt wurde, nicht verstehst, bitte um Klarstellung. Fragen wie „Was hast du damit gemeint?" oder „Kannst du mir mehr darüber erzählen?" zeigen, dass du wirklich engagiert bist.

5. **Paraphrasieren und widerspiegeln**
   Wiederhole oder fasse in deinen eigenen Worten zusammen, was der Sprecher gesagt hat, um sicherzustellen, dass du es richtig verstanden hast. Du könntest sagen: „Also, was du sagst, ist…" oder „Es klingt, als würdest du dich… fühlen." Diese

Technik stellt sicher, dass ihr beide auf derselben Seite seid.

6. **Zuhören ohne zu urteilen**
Behalte einen offenen Geist und vermeide es, voreilige Schlüsse zu ziehen. Auch wenn du nicht einverstanden bist, lass den Sprecher sich vollständig ausdrücken, bevor du deine Perspektive teilst. Wenn ein Kollege zum Beispiel eine Idee äußert, von der du denkst, dass sie nicht funktionieren wird, höre dir sorgfältig ihre Argumentation an, bevor du alternative Vorschläge machst.

Beispielszene: Aktives Zuhören in der Praxis
Stell dir vor, dein Kollege sagt: „Ich fühle mich in letzter Zeit wirklich überfordert mit diesem Projekt." Anstatt zu sagen: „Oh, ich auch" oder sofort Ratschläge zu geben, könntest du antworten:

- „Das klingt hart. Was war das herausforderndste für dich?"
- „Es scheint, als ob du viel zu tun hast. Erzähl mir mehr darüber, was gerade los ist."

Diese Antworten zeigen Empathie und ermutigen die andere Person, sich weiter zu öffnen.

Reflexionsfragen

- Denke an eine Situation, in der dir jemand wirklich zugehört hat. Wie hat es dich gefühlt?
- Erinnere dich an ein kürzliches Gespräch, bei dem du Schwierigkeiten hattest, aktiv zuzuhören. Was hat dich abgelenkt und wie kannst du dich beim nächsten Mal verbessern?

Übung: Aktives Zuhören üben
Wähle einen Partner – einen Freund, ein Familienmitglied oder einen Kollegen. Bitte sie, fünf Minuten lang über etwas zu sprechen, das ihnen auf dem Herzen liegt. Übe die oben genannten Strategien: konzentriere dich vollständig, vermeide Unterbrechungen, stelle klärende Fragen und paraphrasiere, was sie teilen.
Frage nach dem Gespräch, wie sie sich bezüglich deines Zuhörens gefühlt haben. Fühlten sie sich gehört und verstanden?

Abschließende Gedanken
Aktives Zuhören ist eine Fähigkeit, die Geduld und Übung erfordert, aber die Belohnungen sind den Aufwand wert. Wenn du dich vollständig auf die sprechende Person konzentrierst und nachdenklich antwortest, schaffst du Raum für bedeutungsvolle und bereichernde Gespräche. Denke daran, jeder möchte sich gehört fühlen. Sei die Person, die wirklich zuhört, und du hinterlässt einen bleibend positiven Eindruck.

Kapitel 4: Die richtigen Fragen stellen – Die Kraft offener und ansprechender Fragen

Gespräche gedeihen durch gute Fragen. Die Fragen, die du stellst, können Interesse wecken, zum Teilen anregen und den anderen das Gefühl geben, wertgeschätzt zu werden. Doch nicht alle Fragen sind gleich. In diesem Kapitel werden wir untersuchen, wie man offene und ansprechende Fragen stellt, die das Gespräch auf natürliche Weise am Laufen halten.

Warum die richtigen Fragen wichtig sind

Durch das Stellen nachdenklicher Fragen zeigst du, dass dir die Gedanken und Erfahrungen des anderen wichtig sind. Es kann einen einfachen Austausch in eine bedeutungsvolle Verbindung verwandeln. Anstatt nur die Stille zu füllen, helfen dir die richtigen Fragen dabei:

- Mehr über die andere Person zu erfahren.
- Aufrichtiges Interesse zu zeigen.
- Das Gespräch lebendig und ansprechend zu gestalten.

Offene Fragen vs. geschlossene Fragen

Geschlossene Fragen
Geschlossene Fragen führen in der Regel zu kurzen Antworten wie „ja" oder „nein". Obwohl sie ihren Platz haben, können sie den Gesprächsfluss einschränken. Zum Beispiel:

- „Magst du deinen Job?"

- „Warst du schon mal hier?"
  Diese Fragen können dir einige Informationen liefern, aber sie laden nicht zu viel Tiefe ein.

Offene Fragen

Offene Fragen fördern längere Antworten und ermöglichen es der anderen Person, mehr über sich selbst zu teilen. Zum Beispiel:

- „Was magst du am meisten an deinem Job?"
- „Was hat dich heute hierher geführt?"
  Diese Art von Fragen regt zu tiefergehenden Gesprächen an und bietet die Möglichkeit, eine Verbindung aufzubauen.

Beispiele für ansprechende Fragen

Hier sind einige Beispiele für Fragen, die ein Gespräch am Laufen halten können:

- Über ihre Interessen: „Welche Hobbys machst du gerne in deiner Freizeit?"
- Über ihre Erfahrungen: „Was war die unvergesslichste Reise, die du je gemacht hast?"
- Über ihre Meinungen: „Was hältst du von der Veranstaltung, bei der wir heute sind?"
- Über ihre Ziele: „Was ist etwas, das du schon immer ausprobieren wolltest?"
  Diese Fragen laden die andere Person dazu ein, ihre Geschichte zu teilen und geben dir viel Gesprächsstoff.

Fragen an den Kontext anpassen

Denke an den Kontext des Gesprächs und passe deine Fragen entsprechend an. Zum Beispiel:

- In einem Arbeitstreffen: „Was hältst du von dem neuen Projekt?"

- Auf einer sozialen Veranstaltung: „Wie kennst du den Gastgeber?"
- Jemanden neu treffen: „Was magst du am meisten daran, hier zu leben?"

Wenn du den Kontext im Auge behältst, fühlen sich deine Fragen natürlich und relevant an.

Beispiel-Szenario: Die richtigen Fragen stellen

Stell dir vor, du bist auf einer Netzwerkveranstaltung. Du triffst jemanden und möchtest das Gespräch am Laufen halten. Anstatt zu fragen „Magst du deinen Job?", könntest du sagen: „Was hat dich dazu inspiriert, deine jetzige Karriere zu wählen?" Dies öffnet die Tür für die andere Person, ihre Geschichte zu erzählen und schafft die Möglichkeit für eine tiefere Verbindung.

Reflexionsfragen

Denke an ein kürzlich geführtes Gespräch. Welche Arten von Fragen hast du gestellt? Waren sie offen oder geschlossen?

Erinnere dich an eine Situation, in der dir jemand eine großartige Frage gestellt hat. Wie hat sich das angefühlt?

Übung: Fragen stellen üben

Wähle einen Freund oder ein Familienmitglied und führe ein kurzes Gespräch. Achte darauf, nur offene Fragen zu stellen. Beobachte, wie das Gespräch verläuft.

Schreibe drei ansprechende Fragen auf, die du in deiner nächsten sozialen Interaktion verwenden kannst. Zum Beispiel:

- „Was ist etwas Aufregendes, an dem du gerade arbeitest?"
- „Was ist der beste Rat, den du je erhalten hast?"

- „Welches Hobby hast du immer schon mal ausprobieren wollen?"

Schlussgedanken

Die richtigen Fragen zu stellen ist wie das Öffnen einer Tür zu einem bedeutungsvollen Gespräch. Indem du dich auf offene und ansprechende Fragen konzentrierst, schaffst du einen Raum, in dem andere ihre Gedanken und Erfahrungen teilen können. Übe diese Fähigkeit, und du wirst feststellen, dass du leichter mit Menschen in Kontakt kommst und jedes Mal einen positiven Eindruck hinterlässt.

Kapitel 5: Deine Geschichte teilen – Wie du über dich selbst sprichst, ohne zu überwältigen

Über sich selbst zu sprechen ist ein wichtiger Teil jedes Gesprächs. Es ermöglicht anderen, dich kennenzulernen, und schafft Gelegenheiten zur Verbindung. Doch das Teilen deiner Geschichte kann herausfordernd sein. Wenn du zu viel redest, könntest du selbstbezogen wirken. Wenn du zu wenig teilst, könnte es anderen schwerfallen, eine Verbindung zu dir aufzubauen. In diesem Kapitel werden wir untersuchen, wie du deine Geschichte auf eine Weise teilen kannst, die spannend, ausgewogen ist und Raum für andere lässt, sich einzubringen.

Warum das Teilen deiner Geschichte wichtig ist
Das Teilen von Erfahrungen, Gedanken und Gefühlen hilft, Vertrauen aufzubauen und Verbindungen zu schaffen. Wenn du etwas von dir teilst, ermutigst du oft auch andere, dasselbe zu tun. Dieser Austausch schafft eine Bindung und macht Gespräche bedeutungsvoller.
Der Schlüssel liegt darin, die richtige Balance zu finden. Teile genug, um interessant und nachvollziehbar zu sein, aber nicht so viel, dass das Gespräch einseitig wird.

Tipps für das Teilen deiner Geschichte

1. **Achte auf das Interesse des anderen**
   Beobachte, wie der andere reagiert, während du sprichst. Nicken sie, halten sie Blickkontakt und stellen sie Fragen? Dies sind Zeichen, dass sie interessiert sind. Wenn sie abgelenkt oder desinteressiert wirken, überlege, deine Geschichte zu beenden und den Fokus wieder auf sie zu richten.

Zum Beispiel, wenn du eine lustige Anekdote von deinem Wochenende erzählst und der Zuhörer anfängt, auf sein Handy zu schauen, könnte es an der Zeit sein, das Thema zu wechseln oder deine Geschichte zu kürzen.

2. **Halte es kurz**
Lange Geschichten können das Interesse der Zuhörer verlieren. Stattdessen solltest du eine prägnante Version deiner Geschichte erzählen, die genug Details enthält, um interessant zu bleiben. Zum Beispiel, anstatt zu sagen:
„Ich habe letztes Wochenende einen Roadtrip gemacht. Zuerst sind wir in einem Diner eingekehrt, dann sind wir in ein Museum gegangen. Danach haben wir uns auf dem Weg zum Park verlaufen..."
Könntest du sagen:
„Ich habe letztes Wochenende einen Roadtrip gemacht und mich verirrt, während ich versuchte, diesen schönen Park zu finden. Es war ein echtes Abenteuer!"
Diese kürzere Version hält die Aufmerksamkeit des Zuhörers, während sie dennoch ein interessantes Highlight teilt.

3. **Teile Geschichten, die Verbindung schaffen**
Wähle Geschichten, mit denen sich andere identifizieren können oder die Neugier wecken. Wenn zum Beispiel jemand erwähnt, dass er Wandern liebt, könntest du eine Geschichte über eine unvergessliche Wanderung teilen. Dies schafft eine gemeinsame Basis und hält das Gespräch spannend.

4. **Füge einen Hauch von Humor oder Emotion hinzu**

Ein wenig Humor oder echte Emotion macht deine Geschichte fesselnder. Wenn etwas Lustiges oder Überraschendes passiert ist, scheue dich nicht, es zu teilen. Zum Beispiel: „Ich habe einmal versehentlich zwei verschiedene Schuhe zur Arbeit getragen – und niemand hat mir bis zum Mittagessen Bescheid gesagt!"
Ebenso macht es deine Geschichte nachvollziehbarer, wenn du teilst, wie du dich bei einer Erfahrung gefühlt hast, wie zum Beispiel Nervosität vor einer wichtigen Präsentation.

5. **Bitte um ihre Gedanken oder ähnliche Erfahrungen**
Nachdem du deine Geschichte geteilt hast, lade den anderen ein, seine eigene Geschichte zu erzählen. Zum Beispiel könntest du sagen: „Ist dir so etwas auch schon mal passiert?" oder „Was hältst du davon?" Dies hält das Gespräch ausgewogen und zeigt, dass du ihre Meinung wertschätzt.

Beispiel-Szenario: Deine Geschichte teilen
Stell dir vor, du bist auf einer Dinner-Party und jemand fragt nach deinem letzten Urlaub. Anstatt jedes Detail aufzuzählen, könntest du sagen:
„Ich bin gerade aus Italien zurückgekehrt. Das Essen war fantastisch – ich hatte die besten Nudeln meines Lebens in Florenz! Warst du schon einmal in Italien oder hast du ein Lieblingsreiseziel?"
Diese Antwort teilt etwas Interessantes, bleibt kurz und lädt den anderen ein, ebenfalls von seinen Erfahrungen zu berichten.

Reflexionsfragen
Denke an eine Situation, in der du eine Geschichte geteilt hast und das Gespräch dadurch angenehmer wurde. Was hat diese Geschichte so gut gemacht?
Erinnere dich an einen Moment, in dem du das Gefühl hattest, in einem Gespräch zu viel gesprochen zu haben. Wie hättest du den Austausch besser ausbalancieren können?

Übung: Übe das Teilen deiner Geschichte
Schreibe eine kurze Version einer persönlichen Geschichte auf, die du gerne erzählst. Halte sie unter drei Sätzen. Zum Beispiel:
„Letzten Monat habe ich zum ersten Mal Stand-Up-Paddling ausprobiert. Ich bin mindestens zehn Mal ins Wasser gefallen, aber am Ende hatte ich den Dreh raus! Es hat so viel Spaß gemacht."
Übe, deine Geschichte einem Freund oder Familienmitglied zu erzählen. Achte auf ihre Reaktionen und passe die Länge oder Details an, wenn nötig.

Abschließende Gedanken
Das Teilen deiner Geschichte ist eine Kunst. Wenn es gut gemacht wird, fördert es Verbindung, Vertrauen und macht Gespräche unvergesslich. Konzentriere dich darauf, deine Geschichten kurz, spannend und nachvollziehbar zu halten. Am wichtigsten ist, dass du daran denkst, dass ein gutes Gespräch ein Zwiegespräch ist – lasse auch Raum für den anderen, seine Geschichte zu teilen. Mit Übung wirst du die Balance meistern und jede Interaktion bedeutungsvoller machen.

Kapitel 6: Humor und Wärme – Mit Leichtigkeit sofortige Verbindungen schaffen

Humor und Wärme sind wie Magneten in einem Gespräch. Sie ziehen Menschen an, lassen sie sich wohl fühlen und schaffen eine positive Atmosphäre. Wenn sie richtig eingesetzt werden, kann Humor das Eis brechen, Spannungen abbauen und dich zugänglicher machen. In diesem Kapitel werden wir untersuchen, wie du Humor und Wärme in deine Gespräche einfließen lassen kannst, ohne es zu übertreiben.

Warum Humor und Wärme wichtig sind
Lachen und Freundlichkeit sind universell. Sie schaffen ein Gefühl der Verbindung und lassen Menschen mit dir interagieren wollen. Humor zeigt, dass du dich selbst nicht zu ernst nimmst, während Wärme zeigt, dass dir andere Menschen wichtig sind. Zusammen können sie eine beiläufige Interaktion in ein unvergessliches Erlebnis verwandeln.

Tipps für humorvolle Bemerkungen

1. **Bleib leicht und freundlich**
   Humor muss nicht ausgeklügelt oder übertrieben clever sein. Ein einfacher, unbeschwerter Kommentar kann Wunder wirken. Zum Beispiel:
   Bei einer überfüllten Veranstaltung: „Sieht aus, als hätten heute die halbe Stadt beschlossen, hierher zu kommen!"
   Wenn es regnet: „Zumindest freuen sich die Pflanzen!"
   Diese Bemerkungen sind leicht nachvollziehbar und werden von anderen geschätzt.

2. **Sei selbstironisch (aber nicht zu sehr)**
   Ein wenig selbstironischer Humor kann dich bescheiden und relatable wirken lassen. Zum Beispiel, wenn du dein Getränk verschüttest, könntest du sagen: „Deshalb werde ich nie Barkeeper!" Das zeigt, dass du über dich selbst lachen kannst, was andere beruhigt.
   Vermeide es jedoch, dich zu sehr selbst zu kritisieren. Das Ziel ist es, Menschen zum Lächeln zu bringen, nicht ihnen das Gefühl zu geben, dich trösten oder bestätigen zu müssen.

3. **Kenne dein Publikum**
   Was in einem Kontext lustig ist, muss es nicht in einem anderen sein. Überlege immer, mit wem du sprichst. Witze, die bei guten Freunden gut ankommen, sind in einem beruflichen Umfeld möglicherweise nicht angebracht.

4. **Nutze situativen Humor**
   Achte auf lustige oder ungewöhnliche Dinge, die um dich herum passieren, und kommentiere sie. Zum Beispiel:
   Bei einer langen Besprechung: „Ich glaube, wir haben gerade einen neuen Rekord für die längste Tagesordnung aufgestellt!"
   Im Warteraum: „Heute lernen wir wirklich viel über Geduld."
   Situativer Humor fühlt sich natürlich an und hält die Stimmung leicht.

Tipps für das Zeigen von Wärme

1. **Lächle ehrlich**
   Ein warmes Lächeln ist eine der einfachsten Möglichkeiten, Freundlichkeit zu zeigen. Wenn du

lächelst, signalisiert das den anderen, dass du zugänglich bist und gerne mit ihnen sprichst.

2. **Verwende freundliche Worte**
Komplimente, Ermutigungen und unterstützende Bemerkungen wirken Wunder. Zum Beispiel:
„Das ist eine wirklich kreative Idee!"
„Du bist wirklich gut darin, Dinge zu erklären."
Diese kleinen Akte der Freundlichkeit lassen Menschen sich geschätzt und respektiert fühlen.

3. **Zeige Empathie**
Wärme kommt von dem Verständnis und der Sorge um andere. Wenn jemand etwas Persönliches teilt, antworte mit Empathie. Zum Beispiel:
„Das klingt wirklich herausfordernd. Wie gehst du damit um?"
„Du musst wirklich stolz auf diese Leistung sein!"
Empathie hilft, Vertrauen aufzubauen und Verbindungen zu stärken.

Beispielszene: Humor und Wärme in Aktion
Stell dir vor, du bist auf einer Dinnerparty eines Freundes, und plötzlich fällt der Strom aus. Du könntest die Stimmung auflockern, indem du sagst:
„Sieht aus, als würden wir doch ein Candle-Light-Dinner haben – sehr schick!"
Später, wenn jemand eine Geschichte über seinen Tag erzählt, könntest du warm antworten:
„Es ist beeindruckend, wie du das gemeistert hast. Du musst wirklich viel Geduld haben."
Diese Antworten schaffen eine positive und entspannte Atmosphäre.

Reflexionsfragen
Denke an ein kürzliches Gespräch, in dem Humor oder

Wärme einen großen Unterschied gemacht haben. Was hast du oder die andere Person getan, um dieses Gefühl zu erzeugen?

Erinnere dich an eine Situation, in der dein Humor nicht gut ankam. Was könntest du beim nächsten Mal anders machen?

Übung: Humor und Wärme üben
Schreibe drei humorvolle Bemerkungen auf, die du in alltäglichen Situationen verwenden könntest. Zum Beispiel: „Dieses Wetter kann sich wirklich nicht entscheiden, oder?"

„Ich glaube, ich habe gerade eine neue Art erfunden, dieses Wort falsch auszusprechen!"

„Ich hoffe, dieser Kaffee ist stark genug, um mein Gehirn zu wecken."

Achte beim nächsten Gespräch auf Gelegenheiten, Humor oder Wärme einzubringen. Reflektiere danach, wie sich dies auf das Gespräch ausgewirkt hat.

Abschließende Gedanken
Humor und Wärme sind mächtige Werkzeuge, um sofortige Verbindungen herzustellen. Sie machen Gespräche angenehm, unvergesslich und bedeutungsvoll. Mit einer Prise Leichtigkeit und echter Freundlichkeit wirst du feststellen, dass es dir leichter fällt, mit anderen in Kontakt zu treten und einen positiven Eindruck zu hinterlassen. Übe regelmäßig, und bald wird es zur zweiten Natur!

Kapitel 7: Körpersprache zählt – Nonverbale Signale, die lauter sprechen als Worte

Wenn es um Kommunikation geht, ist das, was du sagst, nur ein Teil der Geschichte. Deine Körpersprache – die Art, wie du stehst, dich bewegst und deine Mimik einsetzt – spricht oft lauter als deine Worte. Zu lernen, positive Körpersprache zu verwenden, kann deine Gespräche lebendiger machen und dir helfen, effektiver mit anderen in Kontakt zu treten.

Warum Körpersprache wichtig ist

Studien zeigen, dass ein erheblicher Teil der Kommunikation nonverbal ist. Menschen beurteilen oft deine Stimmung, dein Selbstbewusstsein und deine Einstellung anhand deiner Körpersprache, noch bevor du ein Wort sagst. Die richtigen Signale können dafür sorgen, dass sich andere wohl und offen fühlen, während schlechte Körpersprache unbewusst Barrieren schaffen kann.

Tipps für positive Körpersprache

1. **Augenkontakt herstellen** Guter Augenkontakt zeigt, dass du aufmerksam bist und Interesse an der Unterhaltung hast. Vermeide es, zu starren, aber versuche, während des Sprechens und Zuhörens natürlichen Augenkontakt zu halten. Wenn jemand eine Geschichte erzählt, schaue ihm zu, anstatt auf dein Handy oder im Raum umherzusehen.

2. **Ehrlich lächeln** Ein ehrliches Lächeln macht dich sofort zugänglicher und freundlicher. Es signalisiert Wärme und Offenheit. Wenn du jemanden begrüßt,

sorgt ein einfaches Lächeln dafür, dass die Interaktion positiv beginnt.

3. **Offene Haltung einnehmen** Deine Haltung sagt viel über dein Selbstbewusstsein und deine Offenheit aus. Stehe oder sitze gerade, mit entspannten Schultern. Vermeide es, die Arme zu verschränken, da dies den Eindruck erwecken kann, dass du dich verschließt. Halte deine Arme stattdessen entspannt an deinen Seiten.

4. **Spiegeln verwenden** Spiegeln bedeutet, subtil die Körpersprache des anderen nachzuahmen, um eine Verbindung aufzubauen. Wenn die andere Person sich leicht nach vorne lehnt, kannst du das ebenfalls tun. Dies schafft ein Gefühl der Verbundenheit und lässt die andere Person sich wohler fühlen.

5. **Kopfnicken und kleine Gesten verwenden** Kopfnicken zeigt, dass du dich engagierst und verstehst, was die andere Person sagt. Kleine Gesten, wie das leichte Neigen des Kopfes oder das Verwenden der Hände zur Betonung eines Punktes, können deiner Kommunikation Energie und Klarheit verleihen.

6. **Persönlichen Raum respektieren** Achte darauf, wie nah du einer Person stehst oder sitzt. Die meisten Menschen bevorzugen einen bestimmten Abstand, insbesondere wenn sie mit jemandem sprechen, den sie noch nicht gut kennen. Wenn die andere Person einen Schritt zurückgeht oder sich unwohl fühlt, passe dich entsprechend an.

Was du vermeiden solltest

- **Zappeln:** Mit dem Fuß wippen, mit den Haaren spielen oder ständig auf die Uhr schauen, kann dich nervös oder desinteressiert wirken lassen.
- **Schlendern:** Schlechte Haltung kann den Eindruck erwecken, dass du wenig Selbstbewusstsein oder Engagement zeigst.
- **Augenkontakt vermeiden:** Zu oft wegzuschauen kann den Eindruck erwecken, dass du abgelenkt oder uninteressiert bist.

Beispiel-Szenario: Positive Körpersprache in Aktion

Stell dir vor, du bist bei einem Vorstellungsgespräch. Wenn du den Raum betrittst, lächelst du, schaust dem Interviewer in die Augen und begrüßt ihn mit einem festen Händedruck. Während des Gesprächs achtest du auf eine gute Haltung, nickst, um Verständnis zu zeigen, und setzt kleine Handgesten ein, um wichtige Punkte zu betonen. Diese positive Körpersprache vermittelt Selbstbewusstsein und Begeisterung und hinterlässt einen starken Eindruck.

Reflexionsfragen

- Denke an ein kürzlich geführtes Gespräch, bei dem Körpersprache eine große Rolle spielte. Was ist dir an deinen eigenen nonverbalen Signalen oder denen der anderen Person aufgefallen?
- Erinnerst du dich an eine Situation, in der die Körpersprache einer Person dich entweder wohl oder unwohl fühlen ließ? Was ist dir dabei aufgefallen?

Übung: Positive Körpersprache üben

- **Beobachte andere:** Verbringe Zeit damit, zu beobachten, wie Menschen Körpersprache in Gesprächen einsetzen. Was lässt jemanden

zugänglich wirken? Welche nonverbalen Signale fallen dir auf?
- **Nimm dich selbst auf:** Übe ein kurzes Gespräch, während du dich selbst aufzeichnest. Schaue dir das Video an, um deine Haltung, deinen Augenkontakt und deine Gesten zu beobachten. Identifiziere ein oder zwei Dinge, die du verbessern möchtest.
- **Probiere Spiegeln aus:** Versuche in deinem nächsten Gespräch subtil die Haltung oder Gesten des anderen zu spiegeln. Achte darauf, wie sich der Gesprächsfluss dadurch verändert.

Abschließende Gedanken

Deine Körpersprache ist ein mächtiges Werkzeug, um mit anderen in Verbindung zu treten. Indem du guten Augenkontakt hältst, lächelst und eine offene, selbstbewusste Haltung zeigst, kannst du deine Gespräche lebendiger gestalten und einen positiven Eindruck hinterlassen. Übe diese Fähigkeiten regelmäßig, und sie werden bald zur Gewohnheit. Denk daran: Es geht nicht nur darum, was du sagst – es ist vor allem das, wie du es ohne Worte sagst, was oft den größten Eindruck hinterlässt.

Kapitel 8: Umgang mit unangenehmen Schweigen – Techniken, um den Gesprächsfluss aufrechtzuerhalten

Wir sind alle schon einmal in dieser Situation gewesen: Man befindet sich mitten in einem Gespräch, und plötzlich hört das Reden auf. Die Pause dehnt sich aus, und das Schweigen wird unangenehm. Unangenehme Stille kann selbst selbstbewusste Menschen unsicher machen, was sie als Nächstes tun sollen. Aber mit den richtigen Techniken kann man diese Momente souverän meistern und sogar in Chancen für eine tiefere Verbindung verwandeln.

Warum unangenehmes Schweigen passiert

Unangenehme Pausen entstehen oft aus folgenden Gründen:

- Eine oder beide Personen haben keine weiteren Dinge zu sagen.
- Das Gespräch verliert an Schwung.
- Jemand fühlt sich nervös oder unsicher, wie es weitergeht.

Diese Schweigepausen sind natürlich und passieren jedem. Anstatt Angst davor zu haben, lerne, sie zu navigieren.

Strategien zum Umgang mit unangenehmem Schweigen

1. **Bereite ein paar Themen im Voraus vor**
   Wenn du in eine Situation gehst, in der Gespräche wichtig sind (wie auf einer Party oder in einem Meeting), überlege dir ein paar allgemeine Themen, die du ansprechen kannst. Zum Beispiel:

- Aktuelle Ereignisse: „Hast du von … gehört?"
- Hobbys: „Was machst du gerne in deiner Freizeit?"
- Gemeinsame Erlebnisse: „Wie kennst du den Gastgeber?"

2. Diese Gedanken können dir helfen, das Gespräch zu lenken, falls es ins Stocken gerät.

3. **Stelle offene Fragen**
Offene Fragen regen die andere Person dazu an, mehr zu erzählen, wodurch das Gespräch lebendig bleibt. Zum Beispiel:

- „Was machst du an deinem Job am meisten gerne?"
- „Was war das Spannendste, das du in letzter Zeit gemacht hast?"

4. Diese Fragen können die Tür zu längeren, interessanteren Gesprächen öffnen.

5. **Nutze Beobachtungen**
Wenn Schweigen entsteht, kommentiere etwas, das um dich herum passiert. Zum Beispiel:

- „Die Musik hier ist wirklich lebendig. Magst du diese Art von Musik?"
- „Dieser Ausblick ist beeindruckend! Warst du schon einmal hier?"

6. Beobachtungen sind einfache und natürliche Möglichkeiten, das Gespräch wieder in Gang zu bringen.

7. **Teile etwas über dich selbst**
Manchmal kann eine kleine persönliche Geschichte das Schweigen füllen und die andere Person dazu

einladen, ihre eigenen Erfahrungen zu teilen. Zum Beispiel:

- ○ „Ich versuche in letzter Zeit, Kochen zu lernen. Es war… um es milde auszudrücken, etwas herausfordernd! Hast du schon mal versucht, so etwas Neues zu lernen?"

8. Diese Herangehensweise hält den Ton leicht und fördert eine gegenseitige Antwort.

9. **Umarme die Pause**
Nicht jedes Schweigen muss unangenehm sein. Manchmal entstehen Pausen, weil jemand nachdenkt oder reflektiert. Lass einen Moment Zeit, damit die andere Person ihre Gedanken sammeln kann, und widerstehe der Versuchung, jede Lücke sofort zu füllen. Ein ruhiges und geduldiges Auftreten kann das Schweigen natürlich und nicht angespannt erscheinen lassen.

Beispiel-Szenario: Umgang mit unangenehmem Schweigen

Stell dir vor, du bist auf einer Arbeitveranstaltung und sprichst mit einem Kollegen, den du nicht gut kennst. Das Gespräch verlangsamt sich, und es entsteht eine Pause. Anstatt in Panik zu verfallen, könntest du sagen:

- „Übrigens, warst du in letzter Zeit in guten Restaurants hier in der Gegend? Ich bin auf der Suche nach neuen Orten zum Ausprobieren."

Dies lenkt die Aufmerksamkeit auf ein interessantes und einfaches Thema, das es der anderen Person leicht macht, beizutragen.

Reflexionsfragen

- Denk an ein kürzliches Gespräch, in dem Schweigen unangenehm wurde. Was hättest du sagen oder tun können, um den Gesprächsfluss aufrechtzuerhalten?
- Erinnere dich an eine Situation, in der jemand ein unangenehmes Schweigen gut gemeistert hat. Was haben sie getan, und wie hat es dich fühlen lassen?

Übung: Übe den Umgang mit Schweigen

- **Rollenspiel mit einem Freund**: Bitte einen Freund, mit dir Gespräche zu üben. Lasse absichtlich eine Pause entstehen und benutze dann eine der oben genannten Strategien, um das Gespräch fortzusetzen.
- **Beobachte Gespräche**: Achte darauf, wie Menschen in realen Interaktionen mit Schweigen umgehen. Welche Techniken verwenden sie, um den Gesprächsfluss wiederherzustellen?

Abschließende Gedanken

Unangenehme Schweigepausen müssen ein Gespräch nicht entgleisen lassen. Mit etwas Vorbereitung und Übung kannst du lernen, sie mit Zuversicht und Leichtigkeit zu meistern. Durch offene Fragen, Beobachtungen oder das Teilen kleiner persönlicher Geschichten kannst du das Gespräch auf natürliche Weise am Laufen halten. Denke daran, jeder erlebt diese Momente, also bleib ruhig und sieh sie als eine Gelegenheit, deine Verbindung zu stärken.

Kapitel 9: Meisterschaft in Small Talk-Themen – Was man sagen sollte und was man vermeiden sollte

Small Talk ist ein wesentlicher Bestandteil beim Aufbau von Verbindungen. Er hilft dabei, dass sich Menschen wohlfühlen und öffnet die Tür für tiefere Gespräche. Doch zu wissen, worüber man sprechen sollte – und was man vermeiden sollte – ist wichtig. In diesem Kapitel werden wir untersuchen, wie man die richtigen Themen für Small Talk auswählt und wie man solche vermeidet, die andere unwohl fühlen lassen könnten.

Warum Small Talk wichtig ist

Small Talk mag unbedeutend erscheinen, aber er ist ein mächtiges Werkzeug. Er bricht das Eis, schafft eine freundliche Atmosphäre und hilft den Menschen, sich entspannt zu fühlen. Das Beherrschen von Small Talk-Themen kann dich zugänglicher machen und dir helfen, mühelos Verbindungen mit anderen aufzubauen.

Themen, die für Small Talk geeignet sind

1. **Das Wetter** Das Wetter mag wie ein Klischee erscheinen, aber es ist ein universell sicheres und einfaches Thema. Zum Beispiel:
    - „Es ist so ein schöner Tag, oder?"
    - „Dieser Regen hört gar nicht mehr auf! Wie kommst du damit zurecht?"
2. **Hobbys und Interessen** Menschen sprechen gern über das, was sie lieben. Frage nach Hobbys oder teile deine eigenen. Zum Beispiel:

- ◦ „Hast du irgendwelche Lieblingsaktivitäten für das Wochenende?"
- ◦ „Ich habe kürzlich angefangen zu backen. Hast du es auch schon mal ausprobiert?"

3. **Aktuelle Ereignisse (neutrale Themen)** Bleibe bei leichten und neutralen aktuellen Ereignissen. Vermeide kontroverse oder politische Themen. Zum Beispiel:

- ◦ „Hast du von dem neuen Film gehört, der nächsten Monat rauskommt?"
- ◦ „Das lokale Festival an diesem Wochenende klingt spannend. Hast du vor, hinzugehen?"

4. **Essen und Getränke** Jeder hat eine Meinung zu Essen. Dieses Thema ist eine großartige Möglichkeit, eine Verbindung aufzubauen. Zum Beispiel:

- ◦ „Hast du schon den Kaffee hier probiert? Er ist wirklich gut."
- ◦ „Was ist deine Lieblingsküche?"

5. **Reisen** Die meisten Menschen sprechen gerne über ihre Reiseerfahrungen oder -träume. Frage nach Orten, die sie besucht haben oder besuchen möchten. Zum Beispiel:

- ◦ „Was ist der beste Ort, den du je bereist hast?"
- ◦ „Wenn du irgendwo auf der Welt hinreisen könntest, wo wäre das?"

Themen, die vermieden werden sollten

1. **Politik und Religion** Diese Themen können sehr persönlich und spaltend sein. Es sei denn, du kennst die Person gut und bist sicher, dass sie sich mit

diesen Themen wohlfühlt, ist es besser, sie zu vermeiden.

2. **Empfindliche persönliche Themen** Vermeide Fragen, die möglicherweise persönliche Probleme ansprechen, wie gesundheitliche Probleme oder finanzielle Sorgen. Zum Beispiel:

    - „Warum bist du noch nicht verheiratet?"
    - „Wie viel Geld verdienst du?"

3. **Klatsch und Tratsch** Über andere negativ zu sprechen, kann dich unzuverlässig erscheinen lassen. Konzentriere dich stattdessen auf positive und respektvolle Themen.

4. **Zu technische oder spezialisierte Themen** Wenn ein Thema zu spezifisch oder technisch ist, könnte es den anderen Menschen entfremden. Zum Beispiel könnte das Besprechen der Details eines Hobbys, mit dem sie nicht vertraut sind, das Gespräch einseitig machen.

Beispiel-Szenario: Die Auswahl von Small Talk-Themen

Stell dir vor, du bist bei einer Netzwerkveranstaltung und triffst jemanden zum ersten Mal. Anstatt gleich in schwere Themen einzutauchen, starte locker:

- „Dieser Veranstaltungsort ist großartig. Warst du schon mal hier?"
- „Was machst du normalerweise, um nach der Arbeit zu entspannen?"

Wenn sie begeistert antworten, folge mit weiteren verwandten Fragen auf. Wenn sie weniger engagiert wirken, wechsle das Thema.

Reflexionsfragen

- Denke an ein kürzliches Gespräch, bei dem der Small Talk gut verlief. Über welche Themen habt ihr gesprochen und warum haben sie funktioniert?
- Erinnerst du dich an eine Situation, bei der ein Thema das Gespräch unangenehm gemacht hat? Wie hättest du es anders handhaben können?

Übung: Small Talk üben

- **Erstelle eine Liste:** Schreibe fünf Small Talk-Themen auf, über die du dich wohlfühlst. Dazu können Hobbys, Reisen oder Lieblingsessen gehören.
- **Teste deine Themen:** Versuche beim nächsten Mal in einer sozialen Situation, eines dieser Themen zu verwenden, um ein Gespräch zu beginnen. Achte auf die Reaktion des anderen und passe dich gegebenenfalls an.

Abschließende Gedanken

Das Beherrschen von Small Talk-Themen bedeutet, gemeinsame Nenner zu finden und die andere Person sich wohlfühlen zu lassen. Indem du dich auf leichte, ansprechende Themen konzentrierst und kontroverse oder zu persönliche vermeidest, kannst du angenehme und bedeutungsvolle Gespräche führen. Denke daran, Small Talk ist der erste Schritt, um tiefere Verbindungen aufzubauen – also übe regelmäßig und genieße den Prozess.

Kapitel 10: Anpassung an verschiedene Persönlichkeiten – Verbindung mit Introvertierten und Extrovertierten

Jeder Mensch, den Sie treffen, hat eine einzigartige Persönlichkeit, und das Verständnis dieser Unterschiede kann Ihnen helfen, effektiver zu kommunizieren. Zwei der häufigsten Persönlichkeitstypen, denen Sie begegnen werden, sind Introvertierte und Extrovertierte. Wenn Sie wissen, wie Sie Ihren Kommunikationsstil an jeden dieser Typen anpassen können, wird Ihre Unterhaltung angenehmer und bedeutungsvoller.

Verstehen von Introvertierten und Extrovertierten

Introvertierte Introvertierte neigen dazu, ruhige und nachdenkliche Umgebungen zu bevorzugen. Sie bevorzugen möglicherweise Einzelgespräche gegenüber Gruppendiskussionen. Introvertierte denken oft nach, bevor sie sprechen, und brauchen möglicherweise mehr Zeit, um sich zu öffnen.

Extrovertierte Extrovertierte gedeihen in sozialen Umfeldern und werden durch Interaktionen mit anderen energetisiert. Sie genießen Gruppengespräche und denken oft laut. Extrovertierte sind in ihrer Kommunikation normalerweise ausdrucksstärker und spontaner.

Tipps zur Verbindung mit Introvertierten

1. **Seien Sie geduldig**
   Introvertierte brauchen möglicherweise Zeit, um sich zu öffnen, bevor sie sich wohl fühlen, zu teilen. Vermeiden Sie es, sie zu drängen oder unter Druck

zu setzen, zu sprechen.
Beispiel: Wenn ein introvertierter Kollege in einem Meeting ruhig ist, könnten Sie sagen: „Ich würde gerne Ihre Gedanken hören, wenn Sie bereit sind. " Diese Herangehensweise gibt ihnen Raum, nachzudenken und zu antworten.

2. **Wählen Sie ruhige Umgebungen**
Wenn Sie ein Gespräch mit einem Introvertierten planen, wählen Sie ruhigere, weniger belebte Orte. Ein Café oder ein Park könnte besser sein als eine laute Party.

3. **Stellen Sie durchdachte Fragen**
Introvertierte schätzen bedeutungsvolle Gespräche. Statt sich auf Small Talk zu konzentrieren, versuchen Sie es mit Fragen wie:
„Was inspiriert Sie in Ihrer Arbeit?"
„Welches Buch oder welcher Film hat Ihnen kürzlich besonders gefallen?"

4. **Geben Sie ihnen Zeit zur Antwort**
Introvertierte verarbeiten Informationen oft intern, bevor sie sprechen. Nachdem Sie eine Frage gestellt haben, lassen Sie ihnen einen Moment Zeit, um nachzudenken, bevor sie antworten.

Tipps zur Verbindung mit Extrovertierten

1. **Passen Sie sich ihrer Energie an**
Extrovertierte mögen lebendige und dynamische Gespräche. Zeigen Sie Begeisterung und beteiligen Sie sich aktiv an der Diskussion.
Beispiel: Wenn ein Extrovertierter begeistert eine Geschichte erzählt, reagieren Sie mit gleicher

Energie, zum Beispiel: „Das klingt fantastisch! Erzähl mir mehr darüber!"

2. **Seien Sie offen für Gruppensituationen**
   Extrovertierte genießen oft Gruppeninteraktionen. Wenn Sie sich mit einem extrovertierten Freund treffen, bevorzugen sie möglicherweise ein gesellschaftliches Event oder eine Gruppenaktivität statt eines Gesprächs zu zweit.

3. **Ermutigen Sie ihre Geschichten**
   Extrovertierte lieben es, Erfahrungen zu teilen. Geben Sie ihnen Raum, zu sprechen, und zeigen Sie echtes Interesse, indem Sie Nachfragen stellen wie: „Was ist als Nächstes passiert?"
   „Wie haben Sie sich in diesem Moment gefühlt?"

4. **Beteiligen Sie sich an humorvollen Neckereien**
   Extrovertierte mögen oft Humor und spielerisches Necken. Wenn der Kontext stimmt, zögern Sie nicht, einige humorvolle Bemerkungen hinzuzufügen, um die Stimmung lebendig zu halten.

Das Gleichgewicht zwischen den beiden finden

Manchmal befinden Sie sich in einer Gruppe mit sowohl Introvertierten als auch Extrovertierten. Um mit allen in Verbindung zu treten:

- **Fördern Sie Balance**: Stellen Sie sicher, dass Introvertierte die Möglichkeit haben, zu sprechen, indem Sie sie sanft einladen, ihre Meinung zu äußern, während Sie den Extrovertierten Raum geben, ihre Begeisterung zu teilen.
- **Beobachten Sie Hinweise**: Achten Sie auf Körpersprache und Tonfall, um zu erkennen, wer

sich wohlfühlt und wer vielleicht Ermutigung braucht.

Beispiel-Szenario: Anpassung an Persönlichkeiten

Stellen Sie sich vor, Sie sind auf einer Netzwerkveranstaltung. Sie sprechen mit einem introvertierten Gast, der zögert, sich zu engagieren. Sie könnten fragen: „Was hat Sie zu dieser Veranstaltung geführt?" und ihnen Zeit geben, zu antworten. Später treffen Sie einen extrovertierten Teilnehmer, der lebhaft über sein aktuelles Projekt spricht. Reagieren Sie mit Energie und stellen Sie Nachfragen wie: „Wie sind Sie auf diese Idee gekommen?"
Indem Sie Ihre Herangehensweise anpassen, lassen Sie beide Personen sich wertgeschätzt und verstanden fühlen.

Reflexionsfragen

- Denken Sie an ein kürzliches Gespräch mit einem Introvertierten. Haben Sie ihm genügend Zeit und Raum gegeben, sich auszudrücken?
- Erinnern Sie sich an eine Interaktion mit einem Extrovertierten. Wie hat deren Energie Ihre Reaktion beeinflusst?

Übung: Anpassen üben

- **Beobachten Sie verschiedene Persönlichkeiten**: Achten Sie bei Ihrer nächsten Gruppeninteraktion darauf, wer eher introvertiert und wer extrovertiert wirkt. Wie unterscheiden sich ihre Kommunikationsstile?
- **Passen Sie Ihre Herangehensweise an**: Üben Sie, mit einem Introvertierten und einem Extrovertierten zu sprechen. Nutzen Sie die oben genannten Tipps, um Ihren Gesprächsstil an die jeweiligen

Persönlichkeitstypen anzupassen. Reflektieren Sie, wie sie darauf reagieren.

Abschließende Gedanken

Die Anpassung an verschiedene Persönlichkeiten ist eine wertvolle Fähigkeit, die Ihre Verbindungen zu anderen vertieft. Ob jemand introvertiert oder extrovertiert ist, zeigt Verständnis und die Anpassung Ihres Kommunikationsstils, dass Sie ihn schätzen. Mit Übung wird es Ihnen leichter fallen, mit allen Arten von Menschen in Kontakt zu treten und bedeutungsvolle sowie angenehme Interaktionen zu schaffen.

Kapitel 11: Empathie aufbauen – Andere Perspektiven verstehen und nachfühlen

Empathie ist die Fähigkeit, die Gefühle einer anderen Person zu verstehen und zu teilen. Sie ist ein mächtiges Werkzeug, das tiefere Verbindungen aufbaut und Gespräche bedeutungsvoller macht. Wenn du Empathie zeigst, schaffst du einen sicheren Raum, in dem sich andere ausdrücken können, was Vertrauen und Verständnis fördert.

Warum Empathie wichtig ist

Empathie hilft dir, die Welt durch die Augen einer anderen Person zu sehen. Sie ermöglicht es dir:

- Beziehungen zu stärken, indem du Fürsorge und Verständnis zeigst.
- Konflikte effektiver zu lösen, indem du auf Emotionen eingehst.
- Kommunikation zu verbessern, indem du die Perspektiven anderer anerkennst.

Durch das Üben von Empathie wirst du nicht nur besser mit anderen in Kontakt treten, sondern auch neue Einblicke in ihre Gedanken und Gefühle gewinnen.

Tipps zum Aufbau von Empathie

1. **Aktiv zuhören** Der erste Schritt zu Empathie ist, wirklich zuzuhören, was die andere Person sagt. Schenke ihr deine volle Aufmerksamkeit und vermeide es, sie zu unterbrechen oder schon über deine Antwort nachzudenken, während sie spricht. Zum Beispiel: Wenn ein Freund sagt, dass er wegen

der Arbeit gestresst ist, höre aufmerksam zu, anstatt sofort mit Ratschlägen zu kommen.

2. **Ihre Gefühle anerkennen** Zeige, dass du ihre Gefühle verstehst und validierst. Verwende Sätze wie:
    - „Das klingt wirklich herausfordernd."
    - „Ich kann verstehen, warum du dich so fühlen würdest."
3. Das Anerkennen ihrer Gefühle zeigt, dass du ihre Perspektive respektierst und ihre Erfahrungen wertschätzt.
4. **Offene Fragen stellen** Ermutige die andere Person, mehr zu teilen, indem du durchdachte Fragen stellst. Zum Beispiel:
    - „Wie hat sich das für dich angefühlt?"
    - „Was denkst du, würde in dieser Situation helfen?"
5. Diese Fragen laden sie ein, sich zu öffnen, und geben dir ein tieferes Verständnis ihrer Perspektive.
6. **Versetze dich in ihre Lage** Versuche dir vorzustellen, wie es wäre, in ihrer Position zu sein. Denke über ihren Hintergrund, ihre Erfahrungen und ihre Emotionen nach. Zum Beispiel: Wenn ein Kollege wegen eines verpassten Abgabetermins verärgert ist, denke darüber nach, welchen Druck und welche Enttäuschung er vielleicht empfindet.
7. **Sei nicht wertend** Empathie erfordert einen offenen Geist. Vermeide es, Annahmen zu treffen oder die andere Person zu kritisieren. Konzentriere dich stattdessen darauf, ihre Sichtweise zu verstehen,

auch wenn sie sich von deiner eigenen unterscheidet.

Beispiel-Szenario: Empathie üben

Stell dir vor, ein Freund teilt mit, dass er sich überfordert fühlt, weil er zu viele Verpflichtungen übernommen hat. Anstatt zu sagen: „Du solltest einfach lernen, nein zu sagen", antworte mit Empathie: „Das klingt wirklich schwer. Es muss schwierig sein, so viele Dinge gleichzeitig zu jonglieren. Wie kann ich dich unterstützen?" Dieser Ansatz validiert ihre Gefühle und zeigt, dass du dich kümmerst, anstatt eine schnelle Lösung anzubieten.

Reflexionsfragen

- Denke an ein kürzliches Gespräch, in dem jemand seine Emotionen geäußert hat. Wie hast du reagiert? Gab es eine Gelegenheit, mehr Empathie zu zeigen?
- Erinnere dich an eine Zeit, in der dir jemand Empathie gezeigt hat. Wie hat es dich fühlen lassen?

Übung: Empathie üben

1. **Beobachten und Reflektieren**: Konzentriere dich im nächsten Gespräch darauf, wirklich zuzuhören, ohne zu unterbrechen. Reflektiere danach, was du über die Gefühle und Perspektiven der anderen Person gelernt hast.
2. **Empathie-Journal**: Schreibe über eine kürzliche Interaktion, bei der du mehr Empathie zeigen hättest können. Überlege dir, was du beim nächsten Mal anders machen könntest.
3. **Rollenspiel mit einem Freund**: Übe, auf emotionale Szenarien mit Empathie zu reagieren.

Lass sie ein Anliegen teilen und antworte mit aktivem Zuhören und Anerkennung.

Abschließende Gedanken

Empathie ist die Grundlage für bedeutungsvolle Beziehungen. Indem du aktiv zuhörst, Gefühle validierst und dich in die Lage des anderen versetzt, kannst du dich auf einer tieferen Ebene mit anderen verbinden. Empathie zu üben verbessert nicht nur deine Gespräche – sie macht dich zu einer verständnisvolleren und mitfühlenderen Person. Fang klein an, und bald wird Empathie ein natürlicher Teil deiner Interaktionen sein.

Kapitel 12: Schwierige Gespräche führen – Ruhig und positiv bleiben unter Druck

Schwierige Gespräche gehören zum Leben. Ob Sie einen Konflikt ansprechen, konstruktives Feedback geben oder ein sensibles Thema besprechen – solche Situationen können unangenehm sein. Mit der richtigen Einstellung und den richtigen Strategien können Sie jedoch herausfordernde Diskussionen ruhig und positiv führen.

Warum schwierige Gespräche wichtig sind
Schwierige Gespräche zu vermeiden kann zu Missverständnissen und ungelösten Problemen führen. Wenn man diese Momente mit Sorgfalt angeht, stärkt das Beziehungen und fördert das Vertrauen. Es zeigt auch, dass man Ehrlichkeit und gegenseitigen Respekt schätzt.

Tipps für den Umgang mit schwierigen Gesprächen

1. **Bereiten Sie sich vor**
   Vor dem Gespräch sollten Sie sich Zeit nehmen, um sich vorzubereiten. Überlegen Sie, was Sie sagen möchten und wie Sie es sagen wollen. Berücksichtigen Sie auch die Perspektive der anderen Person.
   Zum Beispiel, wenn Sie mit einem Kollegen über eine verpasste Frist sprechen müssen, können Sie sich vorbereiten, indem Sie über die Gründe für die Verzögerung nachdenken und darüber, wie Sie Lösungen besprechen können, ohne Schuldzuweisungen zu machen.

2. **Wählen Sie den richtigen Zeitpunkt und Ort**
   Suchen Sie sich einen Ort, an dem Sie beide privat

und ohne Ablenkungen sprechen können. Auch der Zeitpunkt ist wichtig: Vermeiden Sie es, das Gespräch zu beginnen, wenn die Emotionen hochkochen oder die andere Person beschäftigt ist.

3. **Bleiben Sie ruhig und respektvoll**
Achten Sie darauf, ruhig zu bleiben und eine respektvolle Körpersprache zu zeigen, auch wenn das Gespräch angespannt wird. Sprechen Sie respektvoll und vermeiden Sie anklagende Formulierungen wie „Du machst immer…" oder „Du machst nie…". Konzentrieren Sie sich stattdessen darauf, wie Sie sich fühlen oder was Sie beobachtet haben. Zum Beispiel:
Statt: „Du bist so unzuverlässig!"
Versuchen Sie: „Mir ist aufgefallen, dass der Bericht nicht rechtzeitig abgegeben wurde. Können wir darüber sprechen, was passiert ist?"

4. **Hören Sie aktiv zu**
Geben Sie der anderen Person die Möglichkeit, ihre Gedanken ohne Unterbrechung zu teilen. Zeigen Sie, dass Sie zuhören, indem Sie nicken, Blickkontakt halten und mit Sätzen wie „Ich verstehe, wie du dich fühlst" oder „Das macht Sinn. Lass uns gemeinsam überlegen, wie wir das angehen können" antworten.

5. **Konzentrieren Sie sich auf Lösungen**
Lenken Sie das Gespräch darauf, eine Lösung zu finden. Stellen Sie Fragen wie:
„Was denkst du, können wir tun, um die Situation zu verbessern?"
„Wie können wir gemeinsam daran arbeiten, dass so etwas nicht noch einmal passiert?"
Die Zusammenarbeit an einer Lösung stellt sicher,

dass beide Seiten sich gehört fühlen und in das Ergebnis investiert sind.

6. **Anerkennen Sie Emotionen**
   Emotionen können bei schwierigen Gesprächen hochkochen. Wenn die andere Person aufgebracht wird, erkennen Sie ihre Gefühle an, ohne sie abzutun. Zum Beispiel:
   „Ich sehe, dass das frustrierend für dich ist. Lass uns einen Moment nehmen, um das durchzusprechen."

7. **Wissen, wann man eine Pause einlegen sollte**
   Wenn das Gespräch zu hitzig wird, ist es in Ordnung, eine Pause einzulegen und das Gespräch später fortzusetzen. Sagen Sie etwas wie:
   „Ich denke, wir beide brauchen einen Moment, um unsere Gedanken zu sammeln. Lass uns das morgen fortsetzen, wenn wir etwas Zeit zum Nachdenken hatten."

Beispiel-Szenario: Ein schwieriges Gespräch führen
Stellen Sie sich vor, Sie sind ein Manager und müssen das wiederholte Zuspätkommen eines Teammitglieds ansprechen. Anstatt es zu beschuldigen, könnten Sie sagen:
„Mir ist aufgefallen, dass du in letzter Zeit öfter zu spät kommst. Gibt es etwas, das es dir schwer macht, pünktlich zu sein? Lass uns darüber sprechen, wie wir gemeinsam eine Lösung finden können."
Dieser Ansatz lädt die andere Person ein, ihre Perspektive zu erklären und zusammen an einer Lösung zu arbeiten.

Reflexionsanregungen
Denken Sie an ein schwieriges Gespräch, das Sie in der Vergangenheit geführt haben. Was lief gut und was hätten Sie anders machen können?

Erinnern Sie sich an eine Zeit, in der jemand ein schwieriges Thema mit Ihnen angesprochen hat. Wie hat deren Ansatz Ihre Reaktion beeinflusst?

Übung: Üben Sie den Umgang mit schwierigen Gesprächen

- **Schreiben Sie ein Skript**: Denken Sie an ein schwieriges Gespräch, das Sie führen müssen. Schreiben Sie auf, wie Sie das Gespräch beginnen würden, welche Punkte Sie ansprechen und wie Sie es in Richtung einer Lösung lenken würden.
- **Rollenspiel mit einem Freund**: Üben Sie das Gespräch mit einem Freund oder Familienmitglied. Bitten Sie um Feedback zu Ihrem Tonfall, Ihrer Körpersprache und Ihrer Wortwahl.
- **Reflektieren und anpassen**: Nach dem tatsächlichen Gespräch reflektieren Sie, was funktioniert hat und was nicht. Nutzen Sie diese Erkenntnisse, um Ihren Ansatz für zukünftige Gespräche zu verbessern.

Abschließende Gedanken
Der Umgang mit schwierigen Gesprächen erfordert Übung, Geduld und Empathie. Wenn Sie sich im Voraus vorbereiten, ruhig bleiben und sich auf Lösungen konzentrieren, können Sie herausfordernde Themen auf eine Weise ansprechen, die Beziehungen stärkt. Denken Sie daran, es geht nicht nur darum, das Problem zu lösen – es geht darum, Vertrauen aufzubauen und Respekt für die andere Person zu zeigen. Mit diesen Strategien werden Sie schwierige Gespräche mit Zuversicht und Fürsorglichkeit führen.

Kapitel 13: Gespräche würdevoll beenden – Einen positiven, bleibenden Eindruck hinterlassen

Zu wissen, wie man ein Gespräch würdevoll beendet, ist genauso wichtig wie der Beginn eines Gesprächs. Egal, ob du mit einem Kollegen, Freund oder Fremden sprichst, ein durchdachtes Abschiedswort hinterlässt einen bleibenden positiven Eindruck. In diesem Kapitel werden wir einfache Techniken erkunden, um Gespräche auf eine Weise zu beenden, die natürlich und respektvoll wirkt.

Warum das Beenden von Gesprächen wichtig ist

Das Ende eines Gesprächs ist deine Chance, einen starken letzten Eindruck zu hinterlassen. Ein warmes und rücksichtvolles Abschiedswort zeigt, dass du die Interaktion wertschätzt und die Zeit des anderen respektierst. Indem du diese Fähigkeit meisterst, wirst du als selbstbewusst, höflich und zugänglich wahrgenommen.

Tipps für ein würdevoll Beenden von Gesprächen

1. **Erkenne, wann es Zeit ist, das Gespräch zu beenden**

Achte auf verbale und nonverbale Hinweise, die darauf hindeuten, dass das Gespräch zu Ende geht. Diese können beinhalten:

- Die andere Person schaut auf ihre Uhr oder ihr Telefon.
- Die Antworten werden kürzer oder weniger engagiert.
- Natürliche Pausen oder Stille in der Diskussion.

Das Erkennen dieser Signale ermöglicht es dir, das Gespräch zum richtigen Zeitpunkt zu beenden, ohne es abrupt wirken zu lassen.

2. Verwende Übergangsphrasen

Ein fließender Übergang signalisiert, dass das Gespräch sich dem Ende zuneigt. Beispiele hierfür sind:

- „Es war schön, mit dir zu sprechen."
- „Ich möchte nicht zu viel deiner Zeit in Anspruch nehmen."
- „Ich freue mich, dass wir die Gelegenheit hatten, zu plaudern."

Diese Phrasen sind höflich und bereiten den Weg für ein natürliches Ende.

3. Zeige Dankbarkeit oder Wertschätzung

Bedanke dich bei der Person für ihre Zeit oder dafür, dass sie etwas mit dir geteilt hat. Zum Beispiel:

- „Danke, dass du mir von deinem Projekt erzählt hast. Es klingt wirklich spannend."
- „Ich habe es genossen, von deinen Reiseerfahrungen zu hören. Danke, dass du das geteilt hast."

Dies lässt die andere Person geschätzt und anerkannt fühlen.

4. Erwähne eine zukünftige Verbindung (falls angebracht)

Wenn du in Kontakt bleiben oder das Gespräch später fortsetzen möchtest, erwähne es zum Abschluss. Zum Beispiel:

- „Lass uns bald wieder sprechen."

- „Ich schicke dir den Artikel, über den wir gesprochen haben."
- „Viel Glück bei deiner Präsentation! Lass mich wissen, wie es läuft."

Dies zeigt echtes Interesse und hält die Tür für zukünftige Interaktionen offen.

5. Sei direkt, wenn es nötig ist

Manchmal musst du ein Gespräch schnell beenden, zum Beispiel, wenn du einen anderen Termin hast. In diesen Fällen ist es am besten, direkt, aber höflich zu sein. Zum Beispiel:

- „Es tut mir leid, aber ich muss jetzt gehen. Es war schön, mit dir zu sprechen."
- „Ich muss zurück zur Arbeit, aber ich habe unser Gespräch wirklich genossen."

Beispiel-Szenario: Würdevoll beenden

Stell dir vor, du bist auf einer Netzwerkveranstaltung und sprichst mit einer neuen Bekanntschaft. Nach 15 Minuten anregendem Gespräch merkst du, dass die Energie nachlässt. Du könntest sagen: „Es war schön, dich kennenzulernen und mehr über deine Arbeit zu erfahren. Ich würde mich freuen, in Kontakt zu bleiben. Hier ist meine Visitenkarte."

Dieses Ende ist höflich, drückt Wertschätzung aus und lässt die Möglichkeit einer zukünftigen Interaktion offen.

Reflexionsfragen

- Denke an ein kürzliches Gespräch, das du beendet hast. Hätte es natürlicher und höflicher wirken können? Wenn ja, was hättest du anders machen können?

- Erinnere dich an eine Situation, in der jemand ein Gespräch mit dir würdevoll beendet hat. Was hat deren Ansatz besonders gemacht?

Übung: Übe das Beenden von Gesprächen

- **Rollenspiel mit einem Freund**: Übe das Beenden von Gesprächen in verschiedenen Szenarien, wie auf einer Party, bei einem Treffen oder bei einer zufälligen Begegnung. Experimentiere mit Übergangsphrasen und achte darauf, wie sie sich anfühlen.
- **Reflexion nach jeder Interaktion**: Achte in der nächsten Woche darauf, wie du Gespräche beendest. Notiere, was gut funktioniert und was sich unangenehm anfühlt, und passe deine Herangehensweise bei Bedarf an.

Abschließende Gedanken

Das Gespräch würdevoll zu beenden ist eine Fähigkeit, die Respekt zeigt und einen positiven Eindruck hinterlässt. Indem du den richtigen Moment erkennst, höfliche Übergänge verwendest und Wertschätzung ausdrückst, kannst du sicherstellen, dass jede Interaktion auf einer positiven Note endet. Übe diese Techniken, und bald werden sie dir in Fleisch und Blut übergehen. Denke daran, wie du ein Gespräch beendest, ist genauso wichtig wie der Beginn.

Kapitel 14: Dein Selbstvertrauen stärken – Überwindung von sozialer Angst und Angst vor Ablehnung

Selbstvertrauen ist der Schlüssel zu erfolgreichen Gesprächen und dem Aufbau bedeutungsvoller Beziehungen. Für viele Menschen jedoch kann soziale Angst oder die Angst vor Ablehnung Gespräche erschweren. Die gute Nachricht ist, dass Selbstvertrauen eine Fähigkeit ist, die du mit Übung und Geduld entwickeln kannst. In diesem Kapitel werden wir praktische Möglichkeiten erkunden, wie du dein Selbstvertrauen steigern und soziale Situationen mit Leichtigkeit meistern kannst.

Warum Selbstvertrauen wichtig ist

Selbstvertrauen ermöglicht es dir, dich authentisch auszudrücken und mit anderen zu verbinden. Wenn du an dich selbst glaubst, fällt es dir leichter, Gespräche zu beginnen, deine Gedanken zu teilen und bedeutungsvoll zu interagieren. Selbstvertrauen hilft dir auch dabei, Rückschläge zu bewältigen, wie ein peinlicher Moment oder ein Gespräch, das nicht wie geplant verläuft.

Tipps zur Steigerung des Selbstvertrauens

1. **Fokussiere dich auf kleine Erfolge**
   Beginne mit kleinen, machbaren Interaktionen. Begrüße zum Beispiel einen Nachbarn oder mache jemandem ein Kompliment für sein Outfit. Diese kleinen Erfolge bauen Momentum auf und zeigen dir, dass positive Interaktionen erreichbar sind.

2. **Bereite dich im Voraus vor**
   Wenn dich soziale Situationen nervös machen, bereite dich im Voraus vor. Überlege dir einige Themen oder Fragen, die du verwenden kannst, um ein Gespräch zu beginnen. Zum Beispiel: „Was machst du gerne in deiner Freizeit?" „Warst du schon einmal auf dieser Veranstaltung?" Vorbereitung reduziert Unsicherheiten und hilft dir, dich kontrollierter zu fühlen.

3. **Übe positive Selbstgespräche**
   Die Art, wie du mit dir selbst sprichst, beeinflusst dein Selbstvertrauen. Ersetze negative Gedanken wie „Ich werde versagen" durch positive Affirmationen wie „Ich habe interessante Dinge zu teilen" oder „Ich bin fähig, großartige Gespräche zu führen".

4. **Akzeptiere, dass Ablehnung passiert**
   Nicht jedes Gespräch wird perfekt verlaufen, und das ist okay. Wenn jemand nicht so reagiert, wie du es dir erhofft hast, nimm es nicht persönlich. Die Reaktionen der Menschen haben oft mehr mit ihnen selbst zu tun als mit dir. Betrachte jede Interaktion als eine Lerngelegenheit.

5. **Arbeite an deiner Körpersprache**
   Deine Körpersprache beeinflusst, wie andere dich wahrnehmen und wie du dich selbst siehst. Übe, mit guter Haltung zu stehen oder zu sitzen, Augenkontakt zu halten und zu lächeln. Diese kleinen Veränderungen können dich selbstbewusster erscheinen lassen und dir helfen, dich wohler zu fühlen.

6. **Fange bei Menschen an, denen du vertraust**
   Übe deine Gesprächsfähigkeiten mit Freunden oder Familienmitgliedern, bei denen du dich wohlfühlst. Das gibt dir einen sicheren Raum, um zu experimentieren und dein Selbstvertrauen aufzubauen, bevor du dich neuen sozialen Situationen stellst.

7. **Feiere Fortschritte**
   Erkenne und feiere dein Wachstum, egal wie klein es scheint. Hast du ein Gespräch initiiert? Hast du dich in einer Gruppe zu Wort gemeldet? All das sind Schritte in Richtung eines größeren Selbstvertrauens und verdienen Anerkennung.

Beispielszenario: Selbstvertrauen in einer sozialen Situation aufbauen

Stell dir vor, du bist auf einer Party eines Freundes. Du bist nervös, mit Fremden zu sprechen, aber du entscheidest dich, klein anzufangen. Du lächelst jemanden an, der in der Nähe steht, und sagst: „Hallo, ich bin Alex. Wie kennst du den Gastgeber?"

Die Person reagiert freundlich, und du führst das Gespräch weiter. Auch wenn es nur kurz ist, hast du einen Schritt nach vorne gemacht. Beim nächsten Mal wird es dir leichter fallen, eine ähnliche Interaktion zu beginnen.

Reflexionsfragen

Denke an eine kürzliche soziale Interaktion, bei der du nervös warst. Was lief gut? Was könntest du das nächste Mal anders machen?

Erinnere dich an eine Situation, in der du dich während eines Gesprächs selbstbewusst gefühlt hast. Was hat zu deinem Selbstvertrauen in diesem Moment beigetragen?

Übung: Selbstvertrauensaufbau durch Praxis

- **Setze dir ein kleines Ziel**: Wähle eine einfache soziale Interaktion, die du diese Woche üben möchtest, z. B. einem Kollegen ein „Hallo" zu sagen oder einen Fremden nach dem Weg zu fragen.
- **Reflektiere danach**: Schreibe auf, wie es lief, was du gelernt hast und wie du dich dabei gefühlt hast. Konzentriere dich auf die positiven Aspekte, auch wenn es nicht perfekt war.
- **Steigere allmählich die Herausforderung**: Wenn dein Selbstvertrauen wächst, versuche anspruchsvollere Interaktionen, wie das Mitmachen in einer Gruppendiskussion oder jemandem ein Kompliment zu machen.

Abschließende Gedanken
Selbstvertrauen aufzubauen braucht Zeit, aber jeder Schritt bringt dich näher dazu, dich in sozialen Situationen wohl und sicher zu fühlen. Denke daran, es ist okay, nervös zu sein – was zählt, ist, dass du weiter versuchst. Indem du dich auf kleine Erfolge konzentrierst, positive Selbstgespräche übst und deine Fortschritte feierst, wirst du das Selbstvertrauen entwickeln, um mit anderen zu kommunizieren und bedeutungsvolle Gespräche zu führen. Glaube an dich – du schaffst das!

Kapitel 15: Unvergesslich Werden – Wie man sich abhebt und andere dazu bringt, sich auf das nächste Gespräch zu freuen

Einen positiven und bleibenden Eindruck zu hinterlassen, ist der Schlüssel, um bedeutungsvolle Verbindungen zu schaffen. Wenn sich Menschen an dich erinnern – sei es wegen deiner Freundlichkeit, deinem Enthusiasmus oder deinen anregenden Gesprächen – sind sie eher geneigt, erneut mit dir in Kontakt treten zu wollen. In diesem Kapitel werden wir praktische Möglichkeiten untersuchen, wie du unvergesslich wirst und andere dazu bringst, sich auf das nächste Gespräch mit dir zu freuen.

Warum es wichtig ist, unvergesslich zu sein
In der heutigen, schnelllebigen Welt treffen Menschen viele Individuen, aber nur wenige bleiben ihnen in Erinnerung. Unvergesslich zu sein lässt dich auf positive Weise hervorstechen, hilft dir, stärkere Beziehungen aufzubauen und dein soziales oder berufliches Netzwerk zu erweitern.

Tipps, um unvergesslich zu werden

1. **Zeige echtes Interesse**
   Menschen fühlen sich wertgeschätzt, wenn du echtes Interesse an ihrem Leben zeigst. Stelle durchdachte Fragen und höre aktiv zu. Zum Beispiel:
   Anstatt zu fragen: „Was machst du beruflich?" sage: „Was macht dir an deiner Arbeit am meisten Spaß?" Wenn jemand eine Geschichte erzählt, stelle anschließende Fragen, die zeigen, dass du aufmerksam bist, wie: „Wie ist das ausgegangen?"

2. **Teile etwas Einzigartiges über dich selbst**
Scheue dich nicht, eine persönliche Leidenschaft oder interessante Geschichte zu teilen. Dies macht dich relatabler und unvergesslicher. Zum Beispiel:
„Ich lerne gerade Gitarre spielen. Es ist herausfordernd, aber sehr lohnend. Spielst du ein Instrument?"
Indem du etwas Persönliches teilst, lädst du andere ein, auf einer tieferen Ebene mit dir in Verbindung zu treten.

3. **Verwende ihren Namen**
Menschen lieben es, ihren eigenen Namen zu hören. Verwende ihn natürlich im Gespräch und beim Abschied. Zum Beispiel:
„Es war toll, dich kennenzulernen, Sarah. Ich würde gerne beim nächsten Mal mehr über dein Projekt erfahren."
Diese kleine Geste macht die Interaktion persönlicher.

4. **Sei positiv und ermutigend**
Positivität ist ansteckend. Komplimentiere andere aufrichtig, ermutige ihre Ziele und feiere ihre Erfolge. Zum Beispiel:
„Das ist eine wirklich kreative Idee. Du musst sehr stolz darauf sein."
„Ich bewundere, wie leidenschaftlich du bei diesem Projekt dabei bist. Mach weiter so!"
Ermutigende Worte lassen Menschen sich gut fühlen und verbinden dieses Gefühl mit dir.

5. **Halte deine Versprechen**
Wenn du versprichst, etwas zu teilen oder nachzufolgen, stelle sicher, dass du es tust. Zum Beispiel, wenn du gesagt hast, du würdest einen

Artikel schicken oder jemanden mit einer anderen Person in Kontakt bringen, tue es zeitnah. Das zeigt Zuverlässigkeit und Respekt vor ihrer Zeit.

6. Verlasse die Unterhaltung auf einer positiven Note

Beende das Gespräch mit einer freundlichen Bemerkung oder einem Ausdruck der Dankbarkeit. Zum Beispiel:
„Ich habe unser Gespräch wirklich genossen. Du hast mir so viel zum Nachdenken gegeben."
„Danke, dass du deine Erfahrungen geteilt hast. Es war wirklich inspirierend."
Ein positiver Abschied lässt andere sich auf ein weiteres Treffen mit dir freuen.

Beispiel-Szenario: Unvergesslich in einem sozialen Umfeld
Stell dir vor, du bist auf einer Gemeindeveranstaltung und triffst jemanden, der gerne wandert. Während des Gesprächs fragst du nach ihren Lieblingswanderwegen und teilst deine eigenen Erfahrungen beim Wandern in einem Nationalpark. Du verwendest ihren Namen ein paar Mal und zeigst Begeisterung für ihre Geschichten. Bevor du gehst, sagst du:
„Es war so schön, mit dir zu sprechen, John. Lass uns die Kontaktdaten austauschen – ich würde gerne mehr über deine Wanderabenteuer erfahren."
Indem du echtes Interesse zeigst, eine persönliche Verbindung herstellst und mit einem freundlichen Kommentar gehst, hast du dich unvergesslich gemacht.

Reflexionsfragen
Denke an jemanden, der einen bleibenden positiven Eindruck auf dich hinterlassen hat. Was haben sie getan, das sie aus der Masse herausstechen ließ?

Erinnere dich an ein kürzliches Gespräch, bei dem du das Gefühl hattest, gut mit jemandem in Verbindung zu treten. Welche Handlungen hast du unternommen, um das Gespräch unvergesslich zu machen?

Übung: Übe, unvergesslich zu sein

Plane deine nächste Interaktion: Denke an eine bevorstehende soziale oder berufliche Veranstaltung. Überlege dir eine einzigartige Sache, die du über dich selbst teilen kannst, und eine durchdachte Frage, die du stellen möchtest.
Konzentriere dich auf eine Fähigkeit: Wähle einen Tipp aus diesem Kapitel, wie das Verwenden des Namens der anderen Person oder das Verlassen auf einer positiven Note. Übe es beim nächsten Gespräch.
Reflektiere und passe an: Schreibe nach der Interaktion auf, was gut gelaufen ist und was du verbessern könntest. Nutze diese Reflexion, um deine Fähigkeiten für zukünftige Gespräche zu stärken.

Abschließende Gedanken
Unvergesslich zu sein bedeutet nicht, sich nur aus Selbstzweck hervorzuheben – es geht darum, bedeutungsvolle und positive Verbindungen zu schaffen. Indem du echtes Interesse zeigst, ein Stück von dir selbst teilst und das Gespräch auf einer positiven Note beendest, machst du Gespräche angenehm und lässt andere sich auf das nächste Gespräch mit dir freuen. Denke daran, dass die kleinen Dinge oft den größten Einfluss haben. Übe diese Fähigkeiten, und du wirst auf dem besten Weg sein, jemand zu werden, an den sich Menschen gerne erinnern.

Fazit: Vom Small Talk zu großen Verbindungen – Gesprächsführung als Lebenskompetenz

Herzlichen Glückwunsch, dass Sie das Ende dieses Buches erreicht haben! Sie haben eine Fülle von Ideen, Tipps und Strategien entdeckt, die Ihnen helfen werden, die Kunst des Small Talks und bedeutungsvoller Gespräche zu meistern. Vom Überwinden des ersten Moments bis hin zu einem positiven Eindruck – nun haben Sie die Werkzeuge, um mühelos und selbstbewusst mit anderen in Kontakt zu treten.

Die Macht des Gesprächs

Gespräche sind die Grundlage von Beziehungen. Ob Sie mit einem Freund plaudern, bei einer Veranstaltung netzwerken oder jemanden neu kennenlernen – Ihre Fähigkeit, mit Wärme und Authentizität zu kommunizieren, kann unzählige Türen öffnen. Small Talk ist mehr als belangloses Gerede; es ist ein Sprungbrett für tiefere Verbindungen und gegenseitiges Verständnis.

Eine Reise des Wachstums

Im Laufe dieses Buches haben Sie gelernt, wie Sie:

- Gespräche mit Leichtigkeit beginnen,
- sich an verschiedene Persönlichkeiten und soziale Situationen anpassen,
- Humor, Empathie und Körpersprache nutzen, um Rapport aufzubauen,
- unangenehme Stille und schwierige Themen mit Anmut meistern,

- einen bleibend positiven Eindruck hinterlassen.

Jedes Kapitel hat Sie mit praktischen Fähigkeiten ausgestattet, um verschiedene soziale Situationen zu meistern. Denken Sie daran, dass der Aufbau dieser Fähigkeiten Übung erfordert. Lassen Sie sich nicht von Rückschlägen entmutigen; jede Interaktion ist eine Gelegenheit zu lernen und zu wachsen.

Der Blick nach vorne

Wenn Sie Ihre Reise fortsetzen, behalten Sie diese wichtigen Prinzipien im Hinterkopf:

- **Seien Sie authentisch**: Authentizität ist das Herz bedeutungsvoller Gespräche. Zeigen Sie Interesse an anderen und lassen Sie Ihr wahres Selbst zum Vorschein kommen.
- **Bleiben Sie neugierig**: Durch das Stellen durchdachter Fragen und Offenheit für neue Perspektiven bleiben Gespräche spannend und bereichernd.
- **Üben Sie Empathie**: Das Verstehen und Nachempfinden der Gefühle anderer fördert Vertrauen und vertieft Verbindungen.
- **Umarmen Sie das Wachstum**: Jede Interaktion, ob erfolgreich oder unangenehm, ist eine Chance, Ihre Fähigkeiten zu verfeinern und Ihr Selbstvertrauen auszubauen.

Der Welleneffekt

Wenn Sie die Kunst des Small Talks und bedeutungsvoller Gespräche meistern, verbessern Sie nicht nur Ihr eigenes Leben, sondern haben auch einen positiven Einfluss auf die Menschen um Sie herum. Ihre Freundlichkeit, Neugier und die Fähigkeit, eine Verbindung herzustellen, können den Tag eines anderen erhellen, Beziehungen stärken und sogar andere dazu inspirieren, ihre Kommunikationsfähigkeiten zu verbessern.

Letzte Ermutigung

Denken Sie daran, dass die Fähigkeit, selbstbewusst zu sprechen und mit anderen in Kontakt zu treten, eine lebenslange Fähigkeit ist, die Ihnen auf unzählige Weise zugutekommen wird. Ob bei einer lockeren Zusammenkunft, in einem beruflichen Umfeld oder einfach bei der Begegnung mit neuen Menschen – vertrauen Sie auf Ihre Fähigkeit, einen positiven Eindruck zu hinterlassen.

Also los geht's – treten Sie aus Ihrer Komfortzone heraus, üben Sie das, was Sie gelernt haben, und beobachten Sie, wie Ihre Gespräche sich in bedeutungsvolle Verbindungen verwandeln. Die Welt ist voll von Menschen, die darauf warten, jemanden wie Sie zu treffen.

www.ingramcontent.com/pod-product-compliance
Lightning Source LLC
Chambersburg PA
CBHW071110240526
45469CB00006BD/2414